GREETINGS
FROM

D1202930

LO TERCIARIO

▽ ∞ ✳

RAQUEL SALAS RIVERA

▽ ∞ ✳

2018 Los Plebeyos Creativos BY-SA
Raquel Salas Rivera

Timeless, Infinite Light
4799 Shattuck Ave
Oakland, CA 94609

ISBN 978-1-937421-27-4

Primer Edición

Arte de la cubierta y dentro de la
cubierta por Jose Ortiz Pagan

Impreso por McNaughton & Gunn
Distribuido por Small Press Distribution

timelessinfinitelight.com

para puerto rico

nota sobre la traducción

los títulos de estos poemas provienen de la traducción
del capital de marx que fue realizada en el 1976 por
pedro scaron. publicada por siglo veintiuno editores,
esta traducción era una parte clave de los programas de
formación política de la izquierda puertorriqueña durante
los años 70 y 80.

karl "carlitos" marx, pedro scaron y rsr

LO
TERCIARIO

EL PROCESO DE PRODUCCIÓN
DE LA DEUDA

"la naturaleza de esas necesidades,
el que se originen, por ejemplo,
en el estómago o en la fantasía,
en nada modifica el problema."

"todas sus propiedades sensibles se han esfumado"

los productos del trabajo tienen sus residuos.
a estos residuos les llamamos objetividad espectral.
a esta objetividad espectral le llamamos mera gelatina.
a esta mera gelatina le llamamos
cristalizaciones de la sustancia social común

a estas cristalizaciones les llamamos valor.

pero el valor que es valor de uso sólo lo tiene porque tío jun arreglaba sillas,
y porque tití irma perdió la cordura y escribía cartas
donde la letra crecía hasta llenar páginas enteras.
fumaba y compartía con los deambulantes que hacían flores de palmas
y las regalaban—por un peso—te velaban el carro—

cuando se tiñó el pelo, luego cuando las raíces crecían
claramente oscuras,
cuando se moría de hambre por la desmemoria,
luego cuando se pintaba con delineador,
3 centímetros por encima de las pestañas,
sus ojos no cerraban y olía a tabaco estratificado
en aquellas ocasiones y otras, acumulaba, por ejemplo,
valor.

tan preciosa que estás y yoli.
el alcalde fue a su funeral porque era amada, dijo,
y porque acumuló valor para el pueblo entero.

"no flota por los aires"

i.

al considerar los valores de uso,
siempre se presupone su carácter determinado cuantitativo,

tal como la *docena* de veces que pasé la estatua de albizu sin verla,
una fábrica de atún, una *tonelada* de tiburones

que comen del desagüe, etc.
la *fictio iuris* prevalece ya que no poseo

un conocimiento cabal sobre los tiburones,
ni cómo la fábrica desbalancea el ecosistema costero

(ni cómo desbalanceé el ecosistema familiar
de mi segunda novia cuando comía del desagüe).

el *cuerpo* mismo de una mercancía es pues un *valor de uso* o un bien.
valor que se efectiviza únicamente en el uso o en el consumo.

examinemos la cosa con cautela.

ii.

una mercancía individual,
por ejemplo, una *peseta* de pan de agua,

se intercambia por otros artículos en las *proporciones más diversas.*
por las mañanas hablamos sobre el pago impostergable

que es finalmente reemplazado por las siglas t.d.t.
el te. debo. tanto. tiempo de mi día

se intercambia por una llamada a la oficina del desempleo
que cualquiera diría nada tiene que ver con el pan de agua

ni con un expreso fuerte sin leche.
no obstante (cosa faucebunda)

su valor de cambio se mantiene inalterado,
"ya sea que se exprese en
x pan de agua, y minutos de llamada, z t.d.t., etc.,

donde x es igual a y es igual a z es igual a cero.

iii.

debe (sí debe), por tanto,
poseer un contenido diferenciable de estos diversos *modos de expresión*.

tomemos otras dos mercancías,
por ejemplo, el adoquín y su poequivalente: el adoquín añorado.

fuese cual sea su relación de cambio,
podemos crear una formulita que dice:

1 adoquín= 1000000000000000 aa
pero estas cosas, siendo tan distintas como lo son el 2 y el 3 de agosto,

como lo son cnn y noticentro,
como lo son la corporación para el financiamiento público

y el banco gubernamental de fomento,
como lo son el colonialismo español y el gringo,

tienen que ser equivalentes a una tercera cosa,
tienen que ser reducibles a esa tercera cosa.

un sencillo ejemplo geométrico nos demuestra
que los triángulos como los adoquines

requieren algo *en común* para participar del intercambio numérico.
ese algo en común no puede ser natural ni corpóreo.

no contiene ni un adoquín de valor de uso.

iv.

llamamos *trabajo útil* al trabajo cuya utilidad
se representa en el valor de uso de su producto como *efecto útil*.

esta utilidad se manifiesta mediante una *división social del trabajo*.
un conjunto de trabajos útiles disímiles,

igualmente diferenciables, radialmente distintos,
llevó a tití teresa a trabajar en la tunera.

sin embargo, no fue teresa quien me contó sobre el desagüe,
pues ella apenas discutía el trabajo,

aunque su ropa olía siempre a atún y cambiaba de jabones
como mercaderes cambian de mercancías,

como un sistema multi-membre cambia de rama productiva,
como se cambia de profesión especial cuando no se encuentra trabajo,

como se aprende un oficio desconocido
cuando se necesitan latas de pescado

(serás sesenta y cinco centavos),
como se adiestra uno al hedor del abrazo

cuando viene de quien valora lo debido.

"cuanto más perezoso o torpe fuera un hombre"

la *fuerza productiva del trabajo* no está,
contrario a la opinión pública,
fijada por el gobierno de puerto rico.

JASON BENNICK ha confirmado
que su compañía puede producir
tres playas nuevas rellenando el estrecho
entre la isla de cabras y san juan,
creando cientos de miles de empleados de arena.
su compañía, míster sand, produce
principalmente juguetes de arena comestibles,
pero hace más de un década deseaba expandir
sus intereses a zonas cálidas, pues informa que

i just wanted to go somewhere warm, you know?
and i heard about the bonds in puerto rico and how cheap they had gotten,
so i told martha, well, we can move to florida or we can move to puerto rico.
i like it here. it's the perfect moment for this sort of venture.

cuando le preguntamos cómo crearía el efecto alga,
nos informó que varias fincas producirían una verde limón
pues soñaba eventualmente garantizar
la inversión de una compañía cervecera
cuyo nombre no quiso divulgar.

las condiciones normales de producción vigente en una sociedad
+ el grado social medio de destreza e intensidad del trabajo
+ el color del alga de míster bennick
+ el estado de desarrollo en que se hallan la ciencia y sus
   aplicaciones tecnológicas
+ los viajes que he dado a la isla de cabras
+ el arquetipo capricorniano y su afán por la domesticación
   del valor
+ las cartas que le escribió a yoli
+ los cigarrillos de una vida entera
+ la coordinación social del proceso de producción
+ el costo de T en el mercado
+ *las condiciones naturales*

el señor bennick nos asegura que,
con tal de que no sean torpes o perezosos,
todos los hombres de arena
tendrán la misma oportunidad
de solicitar empleo en su compañía.

"no se cambia una chaqueta por una chaqueta"

tomemos dos mercancías, por ejemplo,
50 años de trabajo y una deuda
acumulada por 50 años.

como propietaria de la primera
decides llevarla al caribe hilton bancario
donde *daría mi vida por pagar esta deuda.*

pero te explican que *no da*

> así como la deuda y los 50 años de trabajo son *valores de uso*
> *cualitativamente diferentes,* son *cualitativamente diferentes*
> los trabajos por medio de los cuales llegan a existir: el del
> inversionista y el del colonizado. tu vida no es suficiente. tendrás
> que pagarla con el trabajo de tus hijos y los hijos de tus hijos.

digamos que les dices *nunca tuve*
porque nunca quise que heredaran mi deuda
aquellos que apenas saben distinguir
entre coquito y leche.

pero te explican que, aunque no tengas linaje,
la heredarán tus vecinas, el perro que saquea tu basura,
doña sophia con su rosario luminoso,
tu abuela que apenas sale a la farmacia,
angelía que aún espera tu libro,

luis que finalmente tiene empleo pero con deuda todavía,
y el tipo que te asaltó por diez pesos.

imagínate
que vuelves con tus vecinos,
con tu abuela,
con el perro que a veces rebusca la basura,
con angelía, con luis, y dices
he aquí mis herederos.
¿aceptarás nuestro pago?
¿darás por finalizada nuestra deuda?
¿borrarás nuestros nombres del sistema?

pero te dicen
te faltan los ríos
el río guajataca, el río camuy,
            el río cibuco,   el río de bayamón,
                el río puerto nuevo,   el río grande de loíza,
                    el río herrera,   el río mameyes,
                    el río sabana,   el río fajardo,
                    el río daguao,   el río santiago,
                    el río blanco,   el río humacao,
                    el río seco,   el río maunabo,
            etc. etc. etc.

ellos serán tus herederos.

esta vez decides adelantarte.
recorres todo puerto rico como un espectro.
agarras puñales de lo que sea:
sombrillas de gasolinera, piedra caliza,
actas de nacimiento, tiendas quebradas,
etc. etc. etc.

vuelves al banco con tu isla tan densamente ingerida
que toses semáforos y entierros y dices
he aquí todo lo que cabe
entre el mar caribe y el atlántico norte.
he aquí: mi imaginario.

pero te dicen
debes la nada.
tu cuenta tiene un balance negativo.
a cambio de esta deuda sólo aceptamos chaquetas,
pero esto sí que no lo tienes
porque casi nunca hace frío
en puerto rico.

digamos que vas hasta filadelfia
a buscar las chaquetas que necesitan
las abuelas, las angelías, el río maunabo, etc.
trabajas duro, buscas una licencia con dirección renovada,
compras tres cuatro, quinientas chaquetas,
vas a la sucursal local y dices

aquí las tengo.
quisiera pagar aquella deuda.
pero sin mirar te contestan
aquí en fili no aceptamos chaquetas.

supongamos que en la caja de pasteles
le envías las chaquetas a tu madre
con una notita que lee
pago: deuda de puerto rico,
y mami (tras decodificar tu letra) carga
la caja hasta la sucursal del banco popular, el caribe hilton bancario o el
loquesea bank, donde la miran mal y le indican
—antes de que pueda decir palabra alguna—
para entregar chaquetas, utilice la fila número tres.

imagínate que es una fila larga, larguísima, casi interminable,
una fila de 50 años.

"el trabajo es el padre y, la tierra, su madre"

los mangós importados saben a piña.
las tapas de las alcantarillas
son reemplazadas por barriles de emergencia:
todo metal tiene valor en el mercado.

la tienda que vende todo
me vende mangós por 14 pesos
porque he dicho que en puerto rico
tenemos frutas medianas, pero imperdonables.

entierros de bisturí son como conciertos de grilletes:

> *sufriste bisturí,*
> *entiérralos.*

> *ve mediante repeticiones de carrusel*
> *caballos como niños reales.*

la tierra donde las piedras se entierran,
la tierra donde entierro mi puño,
la tierra donde morí marinera

:dame tu mano ericka:
son líneas en palmas
tajadas de bisturí,
raíz de ceiba,

24

meao en la nieve, informando,
tráfico de hormonas con id grupal.

por cada bisturí que entierras
nace un tricératops caracola,
sombrilla tornillo, octágono celeste.
por cada bisturí que entierras,
un dólar irá
al banco de fomento.

bisturí, por cada cenex que encuentres,
te devolveremos un dato.

entiérralos todos
naces de un huevo en braille
:la tierra es para enterrar los pies,
para calentar y compactar
los dientes de hada:

"quedará siempre un sustrato material"

escenario 4:

cenex descubre que existen múltiples nadas,
                        como existen múltiples infinitos.
no, no son dobles noes,
sino nadas cada una excluyendo la otra completamente:
la nada de números imposibles,
la nada de fracciones inconmensurables,
la nada de hormigueros de miel
—cuarzos de nieve y pis—,
la nada de plátanos rosita,
la nada del regreso,
la nada de mis manos congeladas que cortaron
y llevo de pie de conejo.
cenex descubre que existen peores peores.

escenario 7:

odette plancha el flamboyán pétalo a pétalo. en el relicario mezcla
jazmín y elizabeth arden. su última descendiente pata se casa
lejanamente con el cuerpo lagarto del sauce. algún huevo en algún
hervor. alguna casa vendida. las paredes asbestadas. el canal católico
puesto a todo volumen. la cantidad de dolor en la piel incremental. se
acumula porque el papa ha dicho que este cuerpo es carnal. la deuda,
carnal. la mano del papa, sagrada. el perreo, carnal. el vecino bolitero,
carnal. el monte donde yace el tanque de agua, carnal. su nombre,
carnal. la estatua de la virgen, sagrada.

escenario 8:

cenex se inyecta hibisco.
quiere solamente mezclar ron y leche,
inyectarse de cuanto florecer aparezca
entre risco y florero,
     vender frutas en el puesto,
         cerrar el puesto por la ley de fruta podrida,
            inyectarse con metal y carpa,
helar el agua, ser hielero,
venderle bolas de cemento al gobierno,
vender pinchos, horchata, maví,
vender recuerdos de puerto rico:
     biles, tendencias a correr por parte del pueblo,
      socarrar gomas, vender colección de gomitas,
        lotería de $5 por $15m,
           limón por $50 y que te paguen con tdt,
    trucar tdt por tdt por tdt,
vender servicios de limpiar patios de tdt,
subcontratarse a limpiar las calles de vendedores
sin licencia de vendidos,
juzgar desde el arrebato porque no hay armonía,
porque quedamos vivos,
y el hibisco manso dura
más allá del próximo pago.

escenario 11:

cenex interrumpe la misa:
atracón de hostias, envenenamiento de sangre de dios.
cenex interrumpe su ascensión
para preconcebir un mundo sin deuda.

le cortan los sistemas reproductivos como tantos vagones en desuso,
diciendo no cualificas como mujer hasta que pases las tres pruebas
del conservatorio nacional.
prefiere succionar todo diálogo de sus entrañas,
cortarse los eufemismos como órganos adicionales,
mosaiquear la cara de dios con pinceles baratos,
erosionar, erosionar, erosionar,
interrumpir la misa con desglose etimológico,
leer los nombres de las hermanas asesinadas,
pontificar sobre la industria pecuaria,
defenderse del tedio punzante
de la colonización.

escenario 12:

puerto rico prende sus luciérnagas
para aparecer:
luz ansiosa en el mapamundi.

escenario 13:

cenex verifica que ha(s) muerto.
tu jugo de arándano en zaguanes inundalinduras.
recolector de colibríes muertos,
harás alfombras boreales de plumillas,
pilas de periódicos en tu apartamento 3A.
si cortas la grama, saldrán hormigas de la fisura.
si abres las cortinas, habrán expertos disecando
cual domesticadores del caos.
mándalos pal carajo y date un trago conmigo.
yo invito.

escenario 14:

cenex procrea con su fantasma
quien le dice:

puedes llorar. aquí todos lloramos.
nadie te juzga.
si sientes que pierdes tu isla,
si te vas, si te quedas, puedes llorar.
tienes derecho a odiar tus opresores,
derecho a quitarte las medias sin quitarte la correa,
a colapsar como un edificio de contrato en una ruta corta,
a disolver las palabras.

escenario final:

mi madre dice que está muy desmoralizada
para escribir poemas sobre la deuda.

su mano aprieta mi corazón dislocado.

me pregunta si leí los poemas que me envió,
si me gustaron.
                              son cortos.

me gustan—le digo—
sus poemas sobre la deuda.
                    son largos
como los míos.

igualitos. me dice y nos lloramos
por no matarnos.
igualitos.

[mi madre nunca dice esto, aunque sí me dice que no puede escribir
poemas sobre la deuda pero no explica, aunque sí llora y me aprieta el
corazón, aunque sí escribe poemas que son, como los míos, sobre la
deuda, aunque no lo dice en los poemas, de la deuda se tratan todos,
aunque no se lo diga nunca.]

"esta parte del valor no ingresa en la circulación"

nuestras almas brillan como la nada
en la totalidad escueta.
estos caracoles inevitablemente arena
no valen más que la suma
de las huellas de gomas cazadas,
como el inequívoco crujir
donde las pesadillas mudan sierpes.

entran sin invitación a beber mi café.
mis primos los miran mal.
mi madre llega
para arrancarlos de (la) raíz
de la vergüenza.

¿arreglarás mis flores?
te dejo estos arreglos listos
para perderse, pero si muero
quema mis papeles.

EL PROCESO DE CIRCULACIÓN DE LA DEUDA

"para comprender las formas en su pureza
hay que hacer abstracción en primer lugar
de todos los elementos que no tienen
nada que ver con el cambio de formas
y la constitución de éstas en cuanto tales."

"primera fase: el capitalista aparece como comprador"

(fases superiores)

cuando leí el capital de marx tenía 16 años.
en las reuniones discutimos romper verjas en vieques,
y decidimos cómo serían nuestras intervenciones,
cuántos periódicos, si eran reformistas o de cuadros.
marx explicaba la inevitabilidad de la revolución.

coño, nunca había sentido lo que sentí
aquel día que ratificamos el voto de huelga.
tenía 18 años, no había comido
más que una manzana y una barra de avena,
porque cuando no dormía, entraba en fases superiores.

soñé que los guardias quemaban mis medias
en una hoguera y que mis médulas portaban venenos.
si me rompían un hueso, aseguraban mi muerte.

leí varios textos de trotski
donde decía que el arte era autónomo
y que los trabajadores no podían crear arte,
pero no le creía porque tenía a common
y al disco de blackstar rayado,
y porque mami y papi eran cocolos.

ese verano, por no comer me dieron atracones.
me acosté con un hombre que me botó de su casa

y me mudé a nueva york.
había leído a marx orgánicamente.
soñé que la cia me invadía la casa
con los brazos abiertos.
en las manos llevaban bolas de algodón
saturadas de sangre, y decían: *murió tu madre.*
pero no llegó la cia sino biles y biles.

prefería estar pelá en puerto rico.
por eso volví sin hacer aquellas cosas
que consideré (como siempre) muy seriamente.

recuerdo que esa primera vez que leí a marx,
quería ser marx y también caerle bien.
eso era lo más importante:
caerle bien a carlitos.

(bromancia originaria)

con tu boina revolucionaria y tu alicate de futuro,
eres la bromelia pentecostal del campamento.
le lavas los pies a mi potencial.
me haces jeva suprema de la comuna.

en la retaguardia está la zona inundable donde,
a cambio de una cesta de plátanos,
repartimos literatura.
en la retaguardia tu mujer descalza siembra pisicorres
y el caballo derrumba la verja.

la jornada está dedicada
a las piraguas de las fuentes,
aquellos hocicos angelinos.
se arquea la miel de tus pistilos
y corren hasta las playas
los orines sagrados de tu origen gen.

diría lenin *¿qué es la que?*
pero tú me lo citas directo,
sin lubricarme la entrada al comunismo.

(selección natural)

en la residencia del separatista josé,
quienes acostumbran realizar reuniones políticas secretas.

vela los carros que se paran en la curva
más de 3 minutos.
dice que el teléfono suena y nadie le habla.

aparentemente tiene amores con uno de esos jóvenes
y le aparece un acto sospechoso.

en mi cédula se vendan los novicios.
les leo en voz alta sobre la crisis del mercado,
les pido que nombren tres tipas
que diversificaron el portafolio revolucionario.

debatimos si deberíamos amarnos
o si es una enfermedad burguesa,
pero el del carro considera
si serán novios o amigos los compañeros,
según la frecuencia de los encuentros.

se trasladaron a trabajar y estudiar
su grado de maestría en la madison,
university de new york.

no sabemos si nueva york
mide más que madison o menos que chicago,
pero el del carro desea un *maveric*
y una promoción.

discutimos cómo identificar infiltrados.
el infiltrado sugiere
que seleccionemos sorbetos.
los sorbetos de mi casa
descabezados como quenepas
:*colectivizados*:

en el closet todavía hay carpeta.
mami me pregunta si tengo novia o amiga.
sigue siendo un acto sospechoso
amarnos o escribir poemas.

(imposibilidad necesaria)

no recuerdo cuándo dejé atrás
muchos términos o los truqué por otros.
ni cuando dejé de pensar que los poemas
tenían un potencial ilimitado,
que una silla puede hacer infinitas cosas,
pero no puede volar.

ni recuerdo cuándo escribí por primera vez
que quería una silla voladora,
un trono volador,
para poder ser reinx de los murciélagos,
ni cuándo dejé de pensar que la solidaridad
tenía un potencial limitado.

tampoco recuerdo cuando caí en cuenta
que no todo era poesía,
pero que la poesía tampoco era toda poesía.
no recuerdo si alguna vez
pude explicar esto con claridad
o tenerla.

recuerdo que siempre he tenido
poemas que son más poemas,
poemas que son más personas,
y poemas que son más solidaridades.

ay pero a veces me quedo con los términos viejos
porque les tengo demasiado cariño.

"las mercancías no pueden ir por sí solas al mercado"

mi madrastra me explica que llegó la hora.
tengo que parir en las afueras de la academia cristiana.
entregaré mi camisa polo color vino
y mi moño escolar.

mi padre se siente decepcionado
porque no escogí demandar a la inter
y me aparezco a las protestas
sin pizza de freshmart.

no visité a mi otra abuela
porque cree que estoy confundida.
me rehúso a decirle
que me caso con mi jeva.

me regañan por pensar que la familia es opcional.
aquí se paga con amor sin devolución.

después de orlando, nunca nos llamaron.

existe algo llamado obligación familiar.
compartimos tantos siglos de no conocernos
y aquel enemigo que no nos hace caso.
te defenderé, tía lejana, del inversionista,
¿pero dejarás mi cadáver
frente a la puerta de aquel infierno
donde descubrí que existo?

"ni intercambiarse ellas mismas"

quiero comprar la casa
donde el comerciante asesinó a su esposa.
está a siete minutos de la playa.

nadie me dice que la nena esperó en el cuarto,
tranquila.

nadie me habla del suicidio del palo de aguacate.

el negocio quebró.
nadie me dice que le sirvieron cerveza
después que llamó al padre:
ven a buscar a la nena, que maté a tu hija.

¿dónde está mi llamada?
no hay manera de saber
si los flamboyanes pueden romper
el pozo séptico con sus raíces,
si el teléfono sonará a toda hora,
si la nena gritará *mami.*

el gobierno federal (re)poseyó la casa.
nadie la quería vender.
tiene una marquesina preciosa
como para organizar fiestas
y está a buen precio.

"segunda fase: consumo productivo, por parte del capitalista,
de las mercancías adquiridas"

si te desnudas en la noche de san juan,
entrarán por tu piel llagosa
las memorias de las sirenas violadas
y tendrás que cantar el resto de tus días
poemas dedicados a pulmones perdidos.

evolución inversa:
volvemos al mar.
los que no saben dejar sus botines en la arena
se ahogarán en el aire.

"[aguacero de] elementos evanescentes dentro del ciclo"

un tenedor plástico en la cartera de algo servirá si llega el servicio hasta
aquí que de una vez me paguen en tarjetas renovables si no me cortan
la luz pues podrán incorporar mi empleo a la cola de la marcha si es
que perdono a mi hermana por su esposo que llegó a las seis y dónde
andaba no es la hora sino con quién andas devuélveme las llaves y te
recojo pero antes de que pintes la bandera de luto tu mano no es libre
comprenderás algún día por qué lo hicimos debajo del acento una bomba
deja de detonar y la desarmo no tengo mucho tiempo pero pásame la
nota olvídalo que ya lo olvidé si acaso recoges los escombros saca la
basura porque no entran las ranas si devoras las orquídeas pues es
tarde y habrán cerrado el edificio o el colapsar quizás sobre la arena sin
saber si me matarán contra el muro o si recostada quebraré la suerte sin
perder el movimiento cierra el carro y sal callada si no sabes cómo seguir
pensando en libros ni decir déjame ir al trabajo dejaste la ropa con tu
ex-esposo quien sin duda la usa para detectar perfumes pero cómo harás
para arroparte al quiosco como bola y palo sin sentirte eternamente
agradecida ni siquiera se sobrevive el mes y sabes que nada vale si no
aprendes a luchar no tenía arma pero igual el piso igual siéntate ahí llega
ahora no bajes con aguacero a ponce se nos fueron todos no sabías que
no vuelven tranquila que llegan ahora me dijo hace media hora tengo un
ticket porque crucé la luz sin mirar y qué hubiese pasado si te matan
y andas sin cinturón y sin luces delanteras qué peligro subir a esa hora
y la gente borracha si no llevaba ni identificación el cuerpo no te estoy
entendiendo ciérrame el adentro adentro

"lo que se considera característico no es lo irracional de la forma"

si tan siquiera fuese posible/
si fuese algo con control de acceso así/priiiip/
poder hacer que del imperdible roto de fb salieran/
noticias sobre mayagüez que leyeran/

>*aquí nacieron próceres de renombre local/*
>*y frituras tentativas/*

de que hicieran caso/que importara más/
el cierre de la escuela que el pendejo supremo/

que dijo *opresión* pero hace tiempo ni sabe viajar/
sin jangear con corillos predilectos/

error sin guante/

performance del traje solar/voltereta de disney/
tres brillos y otro mundo/la posibilidad de nacer/
en puerto rico/de odiar a toda boca los rotos/
de los dientes por donde se fajan las sonrisas/
por apalabrar el tintero con la mordedura/

¿quién te ha dicho que no es posible?/
sino tus envergaduras presas/
o tu torso encebollado/
esta forma/dicen/

es el sacrificio tardío de quemar las cartas/
del amante que vendió tus secretos/

perfecciona tu odio/memoriza las líneas/
de tu deificación/

ornamentos son sólo displicencias que encubren/
el sigiloso pulgar/

si meditan cien guardias en un parque/
no hay paz/hay tiempo adicional/
para adquirir semblante

"la conversión de una suma de dinero en una suma de mercancías"

por cada poema que compones sobre la deuda,
se reúnen cincuentiocho unicornios en el fondo de una piscina.

cada vez que escribes MUERTE A LOS COLONIZADORES,
nace un coquí dorado.

cada vez que repites:
VOTA POR *ESTA* EN UN SISTEMA COLONIAL,
un coquí dorado siembra una ceiba.

por cada dos compas que le cierran el paso a la junta de control fiscal,
se duplican los flanes de coco y las alcapurrias.

cada vez que le crees a una mujer violada,
un chamaco de experiencia trans adquiere sus hormonas.

por cada verso que se enrosca en el pecho de mi gente,
le gano cinco bibliotecas al imperio.

por cada político oportunista que descabezas,
renace mi fe en el sistema educativo.
¡ja!, no, maestro: la fe en nosotros.

por cada canción que dedicas a marigloria o ángela,
recuperamos un cantito de nuestra historia.

por cada sello de solidaridad sin remunerar,

un diamante se transforma en colibrí.

cada vez que caramelizo mis pieles en veneno,
recupero mi nombre.

cada vez que repites *iván* tres veces al espejo,
vuelve como espectro para vengar sus asesinos.

cada vez que repites *iván* tres veces al espejo (2),
se une el espectro de jorge steven.

cada vez que repites *iván* tres veces al espejo (3),
el viento se convierte en láminas,
que se convertirán en cristales rotos,
que se convertirán en aire congelado por los giros
de todos aquellos torturados por la comay.

por cada deuda que no pagas,
(hay sólo una muchas veces insistida)
le donas cien hamacas voladoras
a las víctimas del neoliberalismo.

por cada cálculo errado,
salvas, una bahía.
por cada bahía que salvas

le damos a esta isla
un anti-crucero de esperanza
y hundimos todos los cruceros
y hundimos todos los cruceros.

"el dinero figura como mero medio evanescente de circulación"

palpito y duelo por colindancia.
si le dices nena a mi nena, ya tú sabes.
si le dices nene a mi nena, ya tú sabes.
si no sabes y le dices nene o nena a mi personificación,
ya tú sabes lo que te espera.

la proximidad es suficiente.
me debes cincuenta pushups.
establecemos un sistema mediante el cual
si me jodes a los queridos te parto la uña.

la luna creciente es la uña de la hostia comida
en nombre de todos,
       tu carne.
transmutarse es nombrarnos.
me hago tu nene al llamarte nena cuando eres nena.
me devengo tu nene al llamarte nene, pues nene seamos.

si no sabes decir hola con pronombre retroalimenticio,
mejor no saludes.

cobijo y mareo
      ciempiés cricas mil o bichos eres tanto en órgano como animal
          tu aguaviva mi sal he sido
              tumbado fosilifiero de piedra tus manos
              caracoles en vías

de boca anémonas o cabras te reproduces con el viento
o no te mueves ni besas centro del no
te llamaré

    te dieron nombre.
    decidieron colectividades.
    no tuviste tiempo ni dinero
    para llenar el formulario
        del cambio.

palpito síndrome sílaba coyuntura
velocidad número dificultad que dictes

si le dices tierra a mi ternura, ya tú sabes.
si lo dices con ternura, igual
que refunfuñando,
o cambias n por ñ en coño,
o crees que ll es lacio,
te partiré el repartimiento.

colíndate del cuerpo que no eres
conmigo.

"mediante el acto de circulación opuesto, o la metamorfosis inversa"

para mi corillo cuir

t. y j. le entregaron a ochún
cincuenta ciruelas de musgo y una cerveza terciada,
para que cincuenta y pico corazones
—*número abierto te amartillo a mí*—
nos piquen salobremente
el limón acascarado de este pecho.

hoy mataron más lorcas que ayer.
hoy doce de junio.
hoy 12 de junio.
pero igual g. m. y l. limpiaron
y prendieron sus dildos de cera.

en puerto rico no habrá agua limpia.
hoy 12 de junio.
hoy doce de junio.
pero igual gaddo, max y leone
disminuyeron dedos sin uñas,
limpiando sus manos en las bocas,
ritual de limpieza con sahumerio de saliva.

en puerto rico 177 estaciones hidrológicas
cesarán sus operaciones,
pero seguimos operando
los jevos de la alteridad,

lagrimales de palomas,
rindiendo nuestro sucio
para sanar este mundo de su pureza.

me baño [con agua] me ajusto la corbata
el líner se me corre mis manos [en el agua]
mi lipstick [en el agua]

hay un problema,
dice rafael rodríguez.
en puerto rico el agua limpia
vendrá quizás, como dijo corretjer,
ensangrentada,
o quizás es que la sangre
nunca limpia nuestra
carga su viscosidad con la rabia
de cincuenta culos
de placer penetrable.

mientras escribo este poema,
espero que lleguen los vivos
a racimarnos, a armarnos
(contra el estado) y sus agentes
privatizados,
y amarnos en contra el estado.
qué jodienda qué jodienda qué jodienda

voy a bendecir esta noche con tragos.
voy a llegar hasta el trece de junio,
sin 13 de junio, sucia, y quemaré
las banderas confederadas,
la bandera americana,
quemaré tu programación.

mi futuro estar cuir, está aquí.
mientras j. dice que llega pronto.
mientras o. dice que llega pronto.
mientras t. dice que está enfermo,
pero llega pronto.
mientras s. dice que quiere llorar
ante algún edificio con pancarta.
mi futuro cuir odia el u.s. geological survey
en inglés y en español, la mezcolanza
de este día está seca en mi boca
porque sigo escupiéndole en la cara
a los que me quieren matar.

r. dice que *es demasiado.*
hoy es demasiado vivir,
pero más demasiado morir y matar
antes de dejar que nos vuelvan a hacer esto.
defenderé el agua en todas sus formas.
cortaré mi palma para el pacto.
entraré para ensangrentarme también.

llegan y llegan mis amores.
también, por twitter y whatsapp,
juramos al agua ser sucios,
ir a las barras y bailar.

hoy todas mis perforaciones
y proyecciones desmantelan las paredes.
compartimos venas,
arrepentimos con bombas de agua.
qué carajos pal carajo pal fokin carajo
lléguenle. lléguenle ahora.
la puerta está abierta.

NOTAS SOBRE UNA
CIRCULACIÓN DESVIADA

"si fracasa, la que se verá chasqueada no será
precisamente la mercancía sino su poseedor."

"si ellas se niegan a que las tomen, éste puede recurrir a la violencia
o, en otras palabras, apoderarse de ellas"

i.

¿cómo estás, querida?
¿sabes lo que está pasando?
y el sur ¿cómo siempre nunca?
¿todavía contemplan mi muerte?

a dos cuadras de aquí cuelan la luz anaranjando
las banderas y las banderas tonifican el viento:
            la única ruptura de la noche.

el cuatro de julio *go back to your country.*
el cuatro de julio con vino y copa rota.
si por ley puerto rico era estado libre,
por ley puerto rico vuelve reestructurado.

aquí me pregunto si los ladrillos aguantan los petardos.
por ejemplo ¿habrá fuego y me quemarán la basura?
creo que un vecino me odia porque es neonazi,
otra porque las paterías trascienden
            la membrana que nos divide.
otra dice que me admira
siendo como soy.
¿cuál de las muchas cosas que no soy
labran para forjar las admiraciones?

ii.

claro claro mi muerte.
con la finalidad de quién decide
si quiere chocolate o helado.
quizás esa cotidianeidad confunde
—helado de chocolate—las formas
de mi muerte.

la combi completa

emprendemos un toque y retoque
llamado guerra o paz.
es guerra cuando
dos cámaras de rango y calidad pasan
lamismasentencia

iii.

la circulación en metrallas de *compartires*,
dándole share al forever *conmártires*.
el acento retrocede hacia una colectividad.
desea doler, pero no suelta la mirada.

si digo *no nos mates* y nos matas;
si dices *no la mates* y me matan;
si se repite *no los mates* y los matan.
ESA DEUDA SE PAGA CON SANGRE
lee esto como palíndromo contextual.
pero no es deuda. no es deuda. el estado no está cobrando.
no hay reciprocidad.

iv.

pasó el cuatro de julio.
planifico repatriamientos,
volteretas de puerta revuelta.
intentó beber café,
no pensar en la penetrabilidad dérmica
de la palabra "fragilidad" como peyorativo.

nadie quiere ser vulnerable
cuando hay guerra de pacificación.
la vulnerabilidad, como la poesía,
es una promesa:
si la muerte me saluda,
puedo sentir miedo.

intento intentar
las piedras que soy,
el agua que se aleja en nubes,
la aridez estrecha
de estas calles del sur de filadelfia.
sin árboles, intento
sugerirme un futuro,
no caer en redondel.

¿qué daño me causo
cuando escribo sobre la deuda,

masticando mi cola,
extrayendo goma de las sierpes
de un pecado que cargo como conciencia ajena?
¿cómo puedo maldecir esas palabras,
la iglesia que crió a mi abuela,
la finalidad de mi imposibilidad
como sujeto,
      mi existir como un error,
           mi persistencia diaria?

v.

les digo a mis estudiantes que los sueños son como la literatura son
chotas no son mías estas ideas les digo que hay códigos y repeticiones
que siguen doliendo sin salida y tienen que ver con estar fuera de tiempo
como si el tiempo tuviera un adentro ¿cómo será el adentro del tiempo?
¿tendrá la rigidez hueca de una rama muerta?

sueño con un cuarto.
este cuarto no tiene piscina.
la piscina que no tiene
tampoco tiene libreta.
este cuarto no es apto para niños.
los niños que no tiene comen alcapurrias.
las alcapurrias no tienen sabor
porque no están en el cuarto,
ni dimensión
porque succionan la boca.
realmente realmente
tienen colmillos.
en mi sueño, alguien me dice que
me hace falta concepto para bregar.
no logro capturar las esquinas de la frisa.
cada vez que tengo una se duplica en paredes.
en mi sueño, reparten el mar entre inversionistas.
en mi sueño, venden el yunque.
fuera del sueño, venden el yunque.

fuera de broma, si fuera de broma,
no estoy segura si estoy soñando en el sueño,
si es poema o si estoy muerta.
en las tres encarnaciones,
siento que tiene que existir
una dimensión mejorada
que perdí en el futuro,
pero estoy segura que realmente
los sueños registran lo que perdemos
de la esperanza.
en mi sueño, limpian mi inodoro con naled.
subo las escaleras hasta un techo
donde esparcieron una alfombra diamantina.
les pregunto de qué está hecha
y me dicen que de dientes de sirenas ejecutadas.
de repente sé que en el mar también
hay prisiones de erizos y corales rojos
y que empujan las cabezas hacia el aire
como castigo entre castigos.
aparecen mis estudiantes,
con sus comidas, a recostarse.
dicen cosas divinas sobre el cielo,
la noche y la ciudad.
se supone que les explique
cómo mataron a las sirenas,

con esa tranquilidad educativa,
que les hable de los sueños,
los orígenes del miedo
y la historia.

vi.

en mi puerto rico, imprimimos desde la tinta.
       (mi madre no sabe nadar)
en mi sala, se reúnen mosquitos.
       (con/sin/contra zikadas)
entre las casas, trepan las enredaderas.
       (el perro mata las palomas)
el grito de las telas como triquitraque.
       (deslices de caverna inundan mis posadas)
la tierra, como la lluvia,
me despega del olvido.
       (volver es someterme al amor)
conozco quien soy como la irrelevancia que heredo.
escribo papelitos reunidos.
       (el texto me incita a desaparecer)
el lipstick de éste mi puerto rico:
dato que indica que nos queda demasiado—
pero demasiado—fuerte este color.
       (mi madre no sabe mentir)
ayer la guerra despega pasquines.
ayer (como hoy) necesitan hielo
en el campamento contra la junta.
       (en septiembre los miembros nos saludan)
la guerra es seguir amando el super doppler max.
infestado por murciélagos, sale del infierno/panadería
y siembra un nido en mi ventana.

(de noche la lluvia me dice me dice me dice)
en mi puerto rico, la guerra es hacer compras,
es ver noticieros por la tarde,
es el dedo en la humedad, palpando
la penetrabilidad cuir de la parada,
ya no tanto como una espera
sino como un entra y sale
de la esperanza.
     (ayer dejamos las llaves de la guerra en el portón)
la paz es *dame paz mujer dame paz.*
     (la paz sucede desesperada)
     (cada vez que vuelvo)
     (cada vez me quedo más)
     (cada vez más finalmente (qué)(dá)

vii.

(carta para mi amiga gringa)

algunos puertorriqueños nos venden. algunos puertorriqueños generan ganancias al vendernos. algunos puertorriqueños son republicanos. algunos puertorriqueños son demócratas. algunos puertorriqueños están de acuerdo con que somos vagos, que no tenemos cultura, que somos malcriados y feos. algunos puertorriqueños dan talleres sobre la diversidad y explican que la negritud no existe en puerto rico porque somos *mezclaos* y eso se llama *cultura*. algunos puertorriqueños dicen que las violaciones de los españoles nos hacen bellos. algunos puertorriqueños creen que naturalmente somos más reservados porque lo cuir es una importación imperialista. algunos puertorriqueños creen que los dominicanos están destruyendo a puerto rico. algunos puertorriqueños piensan que soy *bella* porque soy una puertorriqueña blanca. muchos gringos no tienen idea que soy una puertorriqueña blanca.

la mayoría de los miembros de la junta son puertorriqueños, reflejando el compromiso del presidente de asegurar que los puertorriqueños estén bien representados, dice la casa blanca, dice que nos representan estos puertorriqueños.

MÍSTER CARLOS GARCÍA Y MÍSTER JOSÉ CARRIÓN
SON REPUBLICANOS PUERTORRIQUEÑOS.

MÍSTER JOSÉ RAMÓN GONZÁLEZ Y MISI ANA MATOSANTOS
SON DEMÓCRATAS PUERTORRIQUEÑOS.

MÍSTER ANDREW BRIGGS NO ES PUERTORRIQUEÑO.

AHORA MÍSTER ARTHUR GONZÁLEZ
ES MÁS PROFESOR DE NYU QUE PUERTORRIQUEÑO.
LE GUSTA CAMINAR POR LA PLAYA DE NOCHE
Y RECORDAR LA ÉPOCA EN QUE COMÍA CARACOLES.
SUS ZAPATOS SE LLENAN DE ARENA.
FANTASEA CON DEJARLO TODO
Y RETIRARSE A UNA PROPIEDAD LINDA FRENTE A LA PLAYA.

AQUÍ ESTÁ EL PROFESOR DE PENN DAVID SKEEL (CABRÓN
Y NO PUERTORRIQUEÑO). escribe libros sobre la bancarrota en
detroit, la cristiandad y la ley. cree que con la fe podemos sanar este
mundo quebrado. según amazon, su libro, TRUE PARADOX: HOW
CHRISTIANITY MAKES SENSE OF OUR COMPLEX WORLD, promete
que la existencia de DIOS podría explicarlo todo. nunca quise leer su
libro, pero me preocupa que esconda algún orden,
alguna llave para decodificar quienes cortarán primero.

niños jóvenes amerikkkanos como míster skeel sueñan con estudiar
leyes/la bola nerf brinca y cruza la superficie de la chorrera de agua/
primera/cortadura/ primer accidente/ ¿qué pasó, david?/ ¿dónde está?/
¿te duele?/ transparencias: los campanarios se inclinan/ pasa la clase de
biología/ la historia de este país es: sé bueno con tus ciudadanos,

pero lee las cláusulas/ si eres demasiado joven para disfrutar de los goldfishes/ agarra una lonchera roja de superhombre/ talla campos de calabazas/ debajo de la cama existe otro país/ mami, vienen/ pelan mis rodillas/ las gentes monstruosas que tocan, tocan en la puerta de mi cuarto.

nenes como david le dicen a sus maestras que quieren ser policías, o mejor, se hacen ricos y hacen bien. conocí a david de chiquito. salía en nick at nite. soñaba que deambulaba por algún pasillo, perseguido por demonios coloniales. cuando seas grande, david, gobernarás mi país, si eres divino, si eres dios. bajarás el salario mínimo, cortarás los presupuestos de los hospitales, cerrarás las escuelas. si DIOS es bueno, respetarás sus deseos y amarás a tu patria. david sabe que así será, porque él y DIOS son PANAS.

MÍSTER GOD NO ES PUERTORRIQUEÑO.
MÍSTER GOD ES PUERTORRIQUEÑO.
MÍSTER GOD ES EL MIEMBRO NÚMERO NUEVE DE LA JUNTA
PORQUE EL MIEMBRO NÚMERO OCHO ES PUERTORRIQUEÑO,
Y COMO SE IMAGINAN NO PUEDE VOTAR,
ES NUESTRO ILUSTRE GOBERNADOR RICARDO ROSSELLÓ.

algunos puertorriqueños pelean todos los días contra el imperialismo. algunos puertorriqueños pelean todos los días y descolonizan como si almorzaran. sobra el amor. sí. está mayagüez. sí. cuando duele, le hablo a otros puertorriqueños, aún cuando algunos puertorriqueños son opresores, aún así, prefiero hablarle a otros boricuas. aún cuando te escucho, amiga gringa, y te hablo. aún cuando sé que pelearías por mi y yo por ti, aún así, le hablaría primero a k, e, r, y y primer. esto no es cultura. esto se llama hogar.

estoy cansada del cansancio. quiero que mis amigos no trabajen tanto. quiero que alguien proteja los ríos. quiero que el coquí dorado sobreviva la expansión ilimitada de los walgreens. quiero pelear contra los guardias, leer poemas bajo una carpa frente al tribunal federal y entonces quiero desposeerlo todo y sacar los buitres a chancletazos. quiero que la esperanza sea más que un motivo literario. estas palabras pesan más que todos tus libros; más que la casa, el café, el trabajo en sí.

este año, el viejo imperialismo cambia de traje de baño, pero cuando estoy en un poema, sé que la luna del poema me reconoce, aunque naciera en la tierra. en mi poema, yo poema(v.) con la muerte. mis amigos me advierten que cada palabra en un poema puede ser utilizada como evidencia en un tribunal, pero les recuerdo que todas las leyes en un poema puertorriqueño pueden ser anuladas por la junta según SEC. 4. SUPREMACY. subsection (18) TERRITORIAL GOVERNMENT. (B) EXCLUSION.

"lo terciario"

para miguel hernández
"perito en lunas"
"lunicultor"

la luna es poliedro tras cultivo,
montículos de domos,
superficie acantarada,
pentagrama inflado,
dimensión añadida.
al morir dirán que el espectro es la dimensión (*i*)
de la existencia: lo terciario.

levitación a otro astro para entrar
a sus huesos

de queso raído
gofios=pirámides(+)esferas.

la tierra en la luna es (cál)culo del sol.
la tierra desde la luna:

un subibaja.

esto de superarse (fascismo),
esto de superior (franco),
es ir al afuera del otro planeta
llamado luna por ser número tres
como todo el deseo tan cuir
del tenebrario.

no hay gravedad en el cuartel.
todo flota como corimbo.

existe la trayectoria entre luna y tierra,
llamado cultivo o nada,
la sonoridad huevona del tambor que cautivó,
de cautivo,

la tierra que ocupas en el centro del poliedro,
el sinónimo doblado como cebolla.
para ti en youtube, igual para ti en el futuro #.
todavía en la frontera está
vez cómo sabías.

las pinzas y/o las agujas tenemos acicaladas
las dentaduras hasta 140 caligramas.
un limítrofe bene(viole(n)ta)
a causa de miguel hernández.
creo en ennudarnos
y llevar cuadriculadas con diamantes
las pezuñas.

por diosa, mata la cucaracha.
cásate con nosotras las lembepútridas de amol.

figura bien qué haremos ¡las armas!
figura bien los códigos para romperlos
sobre mi rodilla o con los dientes
arrancarle la etiqueta a la nave.

"lo primario"

a primera vista, una *mercancía* parece ser una cosa trivial,
de comprensión inmediata.
pero todo buen pensador verá que es un objeto endemoniado.

el ábaco cuenta que la historiografía es el arte de los objetos,
cómo se hicieron nuestros, cómo nos hicimos.

vinagre, aceite, bacalao, legumbres secas,
estas son las sutilezas metafísicas y reticencias teológicas
de pertenecer.

pabilosamente centrado y encendido,
nuestro carácter fortifica lo esencial.
carlitos explica que en cuanto a valor de uso,
no hay misterio,
pues satisface las necesidades humanas
y en lo humano no hay misterio,
en lo animal no hay misterio,
ni en la necesidad,
que es obvia.

no creas que es ortodoxia.
es que somos tan concretos
que si nos tiran en el mar
vamos al fondo más fondo
de todos los fondos estatales.

las mercancías endemoniadas
(valga la redundancia)
son cosas sensorialmente suprasensibles,
según el gran libro de las circulaciones infernales.
las mesas bailan bachata en el segmento titulado
el carácter fetichista de la mercancía y su secreto.

los paipayes en llamas,
ramos de aves de paraíso,
el tronco y las cortinas registrándose mutuamente,
filamentos de tela y corteza:
el huracán no es metáfora.
hasta la circulación poseída
no es otra cosa que la labor del viento,
de los procesos geológicos,
y la furia del espíritu de la época.

"lo secundario"

"the term 'puerto rico' means the commonwealth of puerto rico"
- la ley PROMESA

el *gasto* del cerebro,
la *duración* de aquel gasto,
la *cantidad* de trabajo,
la diferencia entre la *cantidad*
y la *calidad.*
el término *puerto rico* significa
externalización de las medidas,
la calidad de una ciudadanía secundaria.
pero no
hay término *puerto rico*
porque no hay *duración* del terminar.
la *cantidad* de (ex)terminaciones *puerto rico*
en el cuerpo y su tiempo de trabajo universal.
los terminales de los oídos de estrella muerta en inglés,
naves de tropatormentas y rebeldes.
si acaso soy cine,
sólo mídeme según la diferencia.
ser lo secundario
es estrenarse como producción de los medios de subsistencia,
es enterarse que el estado de desarrollo
es subestándar.
me trastorno en forma *social*

tan pronto comienza la defunción.
una relación física entre cosas físicas.

discutiremos esto en términos *puerto rico*
cuando llegue el intérprete de fantasmagorías.

digo te amo tantas veces que se me quema la tráquea.
las palabras son una lupa
que me acerca al sol.

te amo.
nos amamos.
¿aquí quién recuerda el amor?
si vuelan poemas, son mariposas nocturnas,
fugándose de editores que mecen antorchas.

salen de mis oídos,
espuma de un mar
que grita y gime,
ansiosa por la hora,
en una fila interminable,
bajo un calor sin agua potable.

encocleada, me abanica tu voz, mamá,
y me asfixia tu ausencia, abuelita.

antorchas insorteables,
teléfonos, objetos fugaces,
una peli de chaplin;
pero el chaplin que pasa por la mágica
y nos recuerda que es una librería.

¡objetos!
¡objetos voladores que caen de un cielo sin alimentos!
¡objetos que vuelan por los aires
y estallan contra memorias!
¡notas desde una celda 100 por 35!
¡poemas! ¡caimanes destripados!

de san juan a mayagüez cabe la luna,
aunque sea puertorriqueña y chiquitamente enorme,
aunque quiera suicidarme a cambio de una isla;
pero, ¡ay, me necesitan! ¡ay, te necesitan!

(((dime gringuita, ¿dónde guardas tu corazón, esa manzana envenenada?
¿quién editará tu cara de terciopelo, tu invento del día como un velorio
liso, marcadores entre dos páginas llamadas río y cielo, costa y casa,
lluvia y sequía?)))

¡caníbales, este es un llamado!
¡devoremos los corazones de nuestros benefactores!
¡a falta de pan, cocinemos los deditos finitos de los humanitarios
para quienes somos crisis!
¡ahoguemos a los colonizadores, aunque de sus cuellos cuelgen
cruces rojas o azules, en hospitales sin salvadores, ni luces,
con monjas sin fe que apalabran la muerte!
¡la ayuda que nos hace falta es la libertad!

el puente de añasco me cruza
porque soy agua,
porque estoy contaminada
y contamino a las amistades
dulces y blancas,
paredes de instituciones,
ajá, ajá, gracias.
miradero está rodeado por estancamientos.
el tapón más tapón se atapona desde
las ramas desnudas.
no sé sino amar a mi gente con la fiebre
de un enfermo sin medicamentos,
en un hospital de san juan,
o una cama, en una casa
de un barrio, de algún pueblo
que grita como grito,
¡devoremos la colonia!
¡vomitemos gritos
con un terror atempestado!

ay, pero llama, abuela.
llama hoy si puedes encontrar señal
o entra de noche por un sueño.
dime que estás viva.
resucítame.
quiero abrazarte.
quiero crecer alas

y volar a tu nido,
allá arriba,
donde no nos llega el agua.

agradecimientos

le agradezco a *Waxwing Literary Journal, ATTN:, Femmescapes, The Wanderer, Apiary Magazine, About Place Journal, Elderly Magazine, Noble/Gas Quarterly, Queen Mob's Teahouse, Boaat Journal, The Brooklyn Rail* y *smoking glue gun magazine* por publicar versiones preliminares de algunos de estos poemas.

le doy gracias a alli, emma, mami, karen, colette, angel, chloë, moss, frank, ca conrad, ginger, vanessa, gaddiel, eïric, max, leone, fabián, raymond, daniela, ericka, juan, nicole, wendy, tim, julio ramos, angelía, jazmín, ted, gabriel, carina, tina, amalle, y mil gracias a los editores de Timeless, Infinite Light. SON LOS MEJORES.

siempre se me olvida incluir a alguien, así que para los que no están: <3

GREETINGS
from

THE TERTIARY

▽ ∞ ✳

RAQUEL SALAS RIVERA

▽ ∞ ✳

2018 Creative Commons BY-SA
Raquel Salas Rivera

Timeless, Infinite Light
4799 Shattuck Ave
Oakland, CA 94609

ISBN 978-1-937421-27-4

First Edition

Cover and inside cover artwork by
Jose Ortiz Pagan

Printed by McNaughton & Gunn
Distributed by Small Press Distribution

timelessinfinitelight.com

for puerto rico

note on the translation

the titles of these poems comes from pedro scaron's el
capital, the 1976 translation of karl marx's classic.
published by siglo veintiuno editores, this translation was
commonly used by the puerto rican left as part of political
formation programs during the 70's and 80's. i have
translated the translation into third-degree proximity.

karl "carlitos" marx, pedro scarón, and rsr

THE TERTIARY

THE DEBT-PRODUCTION PROCESS

"the nature of these necessities,
that they originate, for example,
in the stomach or the fantasy,
does not modify the problem."

"all their sensible properties have blended away"

the products of labor have their residues.
we call these residues spectral objectivity.
we call this spectral objectivity mere gelatin.
we call this mere gelatin crystallizations of the common social substance.

we call these crystallizations value.

but the value that is use value only has its value because tío jun fixed chairs,
and because titi irma lost her mind and wrote letters
where the handwriting grew until it filled entire pages.
she smoked and shared with the homeless that made flowers of palm leaves
and would give them away—for a dollar—they'd watch your car—

when she dyed her hair, later when the roots grew clearly dark,
when she was dying of hunger because of the forgetting,
later when she drew with eyeliner
3 centimeters above her lashes,
her eyes wouldn't close and she smelled of stratified tobacco
on those occasions and others, she accumulated, for example,
value.

you're looking so beautiful and how's yoli
the mayor went to her funeral because she was loved, he said,
and because she accumulated value for the whole town.

"it does not float in the air"

i.

when considering use-values,
one must always presuppose their quantitatively determined character,

such as the *dozens* of times i passed albizu's statue without seeing it,
one tuna factory, a *ton* of sharks

that eat from the discharge, etc.
the *fictio iuris* prevails in me since i do not possess

a thorough knowledge of sharks,
or how the factory creates an imbalance in the coastal ecosystem

(or how i created an ecological imbalance
in my second girlfriend's family ecosystem when i ate from the discharge).

the *body* of a commodity is in fact a *use-value* or good.
the use-value becomes effective only through use or consumption.

let us carefully examine this matter.

ii.

an individual commodity,
for example, a *quarter* of pan de agua,

is exchanged for other articles in the *most diverse proportions*.
mornings talking about the unpostponable payment

finally replaced by the acronym i.o.you.
the i. owe. you. this. much. time taken from my day

is exchanged for a call to the unemployment office
that anyone would say has nothing to do with the pan de agua

or the strong espresso no milk.
nonetheless (what a jawful thing)

its exchange-value remains unchanged,
whether it is expressed in x pan de agua, y minutes of phone call, z i.o.you.,
    etc.,

where x equals y equals z equals zero.

iii.

it must (yes must as in owed), therefore,
possess a content that is differentiable from those diverse *modes of
expression.*

let us take two other commodities,
for example, the adoquín and its poequivalent: the yearned adoquín.

whatever its exchange rate,
we can create a little formula that reads:

1 adoquín=1000000000000000 ya,
but these things, being as dissimilar as august 2 and august 3,

as dissimilar as cnn and noticentro,
as dissimilar as the public-financing corporation

and the government development bank,
as dissimilar as spanish and gringo colonialisms,

have to be equivalent to a third thing,
have to be reducible to this third thing.

a simple geometric example will show
that triangles, like adoquines,

require something *in common* in order to participate in numerical exchange. this something in common cannot be natural or corporeal.

it does not contain a single adoquín of use-value.

iv.

we call *useful work* the work whose usefulness
is represented in the use-value of its product as *useful effect.*

its usefulness is made evident through a *social division of labor.*
a set of dissimilar useful jobs,

equally differentiable, radially different,
led tití teresa to work in the tuna factory.

nonetheless, it was not teresa who told me about the discharge,
for she barely discussed work,

even though her clothes always smelled like tuna and she changed soaps
like merchants exchange commodities,

like a multi-membered system changes productive branches,
like one changes one's specialized profession when there are no jobs,

like one learns an unknown trade
when fish cans are needed

(you'll be seventy five cents),
like one trains oneself to bear the stench of a hug

when it comes from she who knows how much is owed and what to value.

"the more idle and unskillful the laborer"

the productive force of labor is not,
contrary to popular opinion,
fixed by the government of puerto rico.

JASON BENNICK has confirmed
that his company can produce
three new beaches by filling in the strait
between the isla de cabras and san juan,
creating hundreds of miles of sand employees.
his company, míster sand, principally
produces edible sand toys,
but for more than a decade he has wanted to expand
his interests to calid zones, for he informs us that

i just wanted to go somewhere warm, you know?
and i heard about the bonds in puerto rico and how cheap they had gotten,
so i told martha, well, we can move to florida or we can move to puerto rico.
i like it here. it's the perfect moment for this sort of venture.

when we asked how he planned to create the algae effect,
he informed us that various farms would produce a lemon green algae
because his dream was to eventually guarantee
the investment of a beer company
whose name he did not wish to divulge.

the normal condition of production active in a society

+ the median social degree of labor's dexterity and intensity
+ the color of mister bennick's algae
+ the state of development of science and its technological
  applications
+ the amount of trips i've taken to la isla de cabras
+ the capricornian archetype and its fixation on the domestication
  of labor
+ the letters she wrote to yoli
+ the cigarettes of an entire lifetime
+ the social coordination of the process of production
+ the cost of T on the market
+ *the natural conditions*

mister bennick assures us that,
as long as they are not idle or unskilled,
all the sand men
will have the same opportunity
to apply for employment in his company.

"coats are not exchanged for coats"

let us take two commodities such as
50 years of work and one debt
accumulated over 50 years.

as proprietor of the first
you decide to take it to caribe hilton banking
where *i offer my life to pay this debt.*

but they explain that *it's not enough*

> just as the debt and the fifty years of work have use-values that
> are *qualitatively different*, so are the two forms of labor that
> produce them: that of the investor and that of the colonized.
> your life is not enough. you will have to pay with the labor of your
> children and your children's children.

let's say you tell them *i never had any because*
i never wanted to make heirs of those who
barely know the difference
between milk and coquito.

but they explain that even if you don't have a lineage
your neighbors, the dog that plunders your trash,
doña sophia with her luminous rosary,
your abuela that barely leaves the house to go to the pharmacy,
angelía that still awaits your book,
luis that finally has a job but still has debts to pay,

that guy who mugged you for ten bucks
will inherit.

imagine
that you come back with your neighbors,
with your abuela, with the dog
that sometimes searches your trash,
with angelía, with luis, and say
here are my heirs.
do you accept our payment?
will you terminate our debt?
will you erase our names from the system?

but they say
where are the rivers?
el río guajataca, el río camuy,

el río cibuco,   el río de bayamón,
el río puerto nuevo, el río grande de loíza,
el río herrera,   el río mameyes,
el río sabana,   el río fajardo,
el río daguao,   el río santiago,
el río blanco,   el río humacao,
el río seco,   el río maunabo,
etc. etc. etc.

they will be your heirs.

this time you decide to get ahead.
like a specter you haunt all of puerto rico.
you grab handfuls of whatever:
gasoline station umbrellas, limestone,
birth certificates, shutdown shops,
etc. etc. etc...

you go back to the bank with your island so densely ingested
that you cough up burials and streetlights and say
here i have all that fits
between the caribbean sea and the north atlantic.
here i have: my imaginary.

but they say
you owe nothingness,
your account has a negative balance.
in exchange for this debt we only accept coats,
but this you definitely don't have
because it's almost never cold
in puerto rico.

let's say you go to philadelphia
to look for the coats much needed
by the abuelas, the angelías, the río maunabo, etc.
you work hard, look for a license with a renewed address,
buy three four five hundred coats,
go to the local branch and say

here they are.
i would like to pay that debt.
but without looking up they answer
here in philly we don't accept coats.

let's suppose that in the pasteles box
you send the coats to your mother
with a note that reads
payment: puerto rican debt,
and mami (after decoding your handwriting) carries
the box to the local branch of the banco popular, caribe hilton banking
or loquesea bank, where they give her a look and—before she can say a
word—indicate *to turn in coats, use line number three.*

imagine that it is a long, longer, almost interminable line,
a line that spans 50 years.

"work is the father and earth the mother"

the imported mangós taste like pineapple.
the manholes
are replaced by orange barrels:
all metal has value on the market.

the store that sells all
sells me mangós for 14 dollars
because i've said that in puerto rico
we have medium but unforgivable fruits.

scalpel burials are like concerts of shackles:

> *you suffered scalpels,*
> *bury them.*

> *see via carousel repetitions*
> *horses like real children.*

the earth where the rocks are buried,
the earth where they bury my fist,
the earth where i died a sailor

:give me your hand ericka:
they are palm lines
scalpel cuts,
root of ceiba,

are piss in the snow, informing,
traffic of hormones with group id.

for each scalpel you bury
a triceratops conch is born,
umbrella screw, celestial octagon.
for each scalpel you bury,
a dollar goes to
the governmental development bank.

scalpel, for each cenex you find
we will return a data.

bury them all
because you are born from an egg in braille
:the earth is for burying the feet,
for warming and compacting
the fairy teeth:

"a material substratum will always remain"

scene 4:

cenex discovers there are multiple nothings,

                    like multiple infinities.

no they aren't double nos,

more like nothings each one excluding the other completely:

the nothing of impossible numbers,

the nothing of incommensurable fractions,

the nothing of honey anthills

—quartz of snow and piss—,

the nothing of pink plantains,

the nothing of return,

the nothing of my frozen hands they've cut

and i carry like a rabbit's foot.

cenex discovers there are worse worsts.

scene 7:

petal by petal, odette irons the flamboyán. in the reliquary, a mix of
jasmine and elizabeth arden. her last dyke descendant gets married far
away with the lizard body of the willow. some egg in some boiling. some
house sold. the walls asbestosed. the catholic channel at full volume. the
amount of pain in the skin incremental. it accumulates because the pope
has said that this body is carnal. the debt, carnal. the hand of the pope,
sacred. perreo, carnal. the bolitero neighbor, carnal. the hill where the
water tank sits, carnal. the statue of the virgin, sacred.

scene 8:

cenex injects themselves with hibiscus.
they only want to mix rum and milk,
inject themselves with as much flowering as they can find between
crag and flowerpot,
            sell fruit at the stand,
                    close the stand due to the rotten fruit law,
                            inject themselves with metal and tent,
freeze the water, be an ice-seller,
sell cement balls to the government,
sell pinchos, horchata, maví,
sell souvenirs of puerto rico:
            bills, tendencies to run on behalf of the people
                char tires, sell collections of rubber bands,
                    lottery of $5 for $15m,
                            lemon for $50, and they pay you with iou,
            trade iou for iou for iou,
sell services for cleaning yards of ious,
subcontracting oneself to clean the streets of sellers
without sell-out licenses,
judging while high because there is no harmony,
because we're still alive,
and the tame hibiscus lasts
beyond the next payment.

scene 11:

cenex interrupts mass:
binges on wafers, is poisoned by the blood of god.
cenex interrupts their ascension
to preconceive a world without debt.

they cut their reproductive organs like so many unused railroad cars,
saying you don't qualify as a woman until you've passed the three tests
of the national conservatory.
> they prefer to suction all dialogue from their bowels,
> cut off the euphemisms like additional organs,
> mosaic the face of god with cheap paint brushes,
> erode, erode, erode,
> interrupt mass with an etymological breakdown,
> read the names of the murdered sisters,
> pontificate about the meat industry,
> defend themselves against the piercing tedium
> of colonization.

scene 12:

puerto rico turns on its fireflies
in order to appear:
an anxious light on the world map.

scene 13:

cenex verifies that y'all have died.
your blueberry juice in the hallways that drownpretties.
gatherer of dead hummingbirds,
you'll make blanket borealis of nibs,
piles of newspapers in your apartment 3A.
if you cut the grass, the ants will come out of the fissure.
if you open the curtains, there will be experts dissecting
like domesticators of chaos.
tell them to fuck off and let's get a drink.
it's on me.

scene 14:

cenex procreates with their ghost
who says:

you can cry. here we all cry.
no one will judge you.
if you feel you're losing your island,
if you leave, if you stay, you can cry.
you have a right to hate your oppressors,
a right to take off your socks but not your belt,
to collapse like an edifice of contract on the short route.
to dissolve words.

final scene:

my mother says she is too demoralized
to write poems about the debt.

her hand squeezes my dislocated heart.

she asks me if i've read the poems she sent me,
if i liked them.
>   *they're short.*

i like them—i say—
her poems about the debt.
>   *are long*
like mine.

they're the same. she says and we cry—
so as not to kill—each other.
exactly the same.

[my mother never says this, even when yes she says she can't write
poems about the debt but doesn't explain, even when yes she cries and
squeezes my heart, even when yes she writes poems that are, like mine,
about the debt, even though she doesn't say it in the poems, they're all
about the debt, even if i never ever say these words out loud, even then.]

"this part of value does not enter into circulation"

our souls shine like nothing
in the stark everywhere.
inevitable shells to sand,
worthless as the sum
of all tire tracks hunted,
like rustling distinct
where nightmares shed snakes.

they walk in uninvited to drink my coffee.
my cousins eye them.
my mother comes in
to pull them out by their root
of shame.

will you arrange my flowers?
i leave you this setup
ready to be lost, but burn
my papers if i die.

THE DEBT-CIRCULATION PROCESS

"to purely understand the forms,
we must first abstract the elements
that have nothing to do with
form exchange and constitution."

(highest stages)

when i read marx's capital i was 16 years old.
at the meetings we discussed breaking fences in vieques,
and decided how our next interventions would be,
how many papers, if they were reformists or de cuadros.
marx explained the inevitability of the revolution.

coño, i never felt like i felt that day
we ratified the vote to strike.
i was 18 years old, i hadn't eaten
more than an apple and an oatmeal bar,
because when i didn't sleep, i entered higher stages.

i dreamt the cops burned my socks
in a bonfire and my marrows carried poisons.
if they broke a bone, they'd assure my death.

i read various texts by trotsky where he said
that art was autonomous
and that workers couldn't create art,
but i didn't believe him because i had common
and the scratched blackstar cd,
and because mami and papi were cocolos.

over the summer, i binged because i hadn't eaten.
i slept with a man that threw me out

and i moved to new york.
i had read marx organically.
i dreamt the cia invaded my house
with open arms.
in their hands they had bloody cotton balls,
and said: *your mother is dead.*
but the cia never came, only bills and bills.

i preferred to be broke in puerto rico.
that's why i came back without doing all those things
i considered (as always) quite seriously.

i remember that first time i read marx,
i wanted to be marx and also wanted him to like me.
that was the most important thing:
that carlitos like me.

(original bromancy)

with your revolutionary beret and your futurity pliers,
you're the camp's pentecostal bromeliad.
you clean the feet of my potential.
you make me the supreme jeva of the commune.

in the rearguard is the flood zone where,
in exchange for a basket of plantains,
we give out pamphlets.
in the rearguard your barefoot woman plants station wagons
and the horse knocks down the fence.

this conference is dedicated
to the piraguas of the fountains,
those angelic snouts.
your pistil honey arches
and down to the beach
runs the sacred piss of your origin gene.

lenin would say *¿qué es la que?*
but you give me a direct quote,
without lubricating communism's entry.

(natural selection)

at the home of the separatist josé,
those who often hold secret political meetings.

she watches the cars that wait near the curve
for more than three minutes.
she says the phone rings and no one speaks.

apparently she has love affairs with one of the young men
and he has found this act suspicious.

in my cell we blindfold the novices.
i read out loud about the crisis of the market,
i ask them to name three girls who have
diversified the revolutionary portfolio.

we debate whether or not we should love each other
or if love is a bourgeois sickness,
but that one in the car contemplates
whether these compañeros are friends or couples,
according to the frequency of their encounters.

they moved to work and study
for their masters degrees at madison,
university of new york.

we don't know if new york
is bigger than madison or smaller than chicago
but that one in the car wants a *maveric*
and a promotion.

we discuss how to identify double agents.
the double agent suggests
we draw straws.
the straws in my house
are beheaded like quenepas
:*collectivized*:

in the closet there is still carpeta.
mami asks me if i have a girl or a friend.
it is still a suspicious act
to be in love or write poems.

(necessary impossibility)

i don't remember when i left behind
many terms or traded them for others.
or when i stopped thinking poems
had unlimited potential,
that a chair could do infinite things,
but never fly.

nor do i remember when i wrote for the first time
that i wanted a flying chair,
a flying throne,
so i could be reinx of bats,
nor when i stopped believing that solidarity
had limited potential.

i also don't remember when i knew
not everything was poetry,
but also poetry wasn't all poetry,
nor if ever
i could explain this with clarity
or have it.

i remember i've always had
poems that are more like poems,

poems that are more like people,
and poems that are more like solidarities.

ay but sometimes i stay with the old terms
because they've shown me so much love.

"the commodities can't go by themselves to the market"

my stepmother says it's time.
i have to give birth outside the christian academy.
i'll turn in my wine-colored polo
and my schooljawn ponytail.

my father feels disappointed
that i didn't sue la inter
and i show up at protests
without a freshmart pizza.

i didn't visit my other grandmother
because she believes i'm confused.
i refuse to tell her
i'm marrying my girlfriend.

they scold me for believing family is optional.
here they pay you in love without returns.

after orlando, they never called us.

there is this thing called family obligation.
we share so many centuries of knowing each other
and that enemy that doesn't care.
i'll defend you, distant aunt, from the investor,
but will you leave my corpse
lying before the door of that hell
where i discovered i exist?

"nor exchange each other"

i want to buy the house
where the businessman killed his wife.
it's seven minutes from the beach.

no one tells me the little girl waited in the room,
sitting still.

no one talked to me about the aguacate tree's suicide.

the business went bankrupt.
no one tells me they gave him a beer
after he called her father:
come get la nena, i killed your daughter.

where is my call?
there is no way of knowing
if the flamboyanes can break
the septic tank with their roots,
if the phone will ring at all hours,
if the girl will cry mami.

the federal government (re)possessed the house.
no one wanted to sell it.
it has a beautiful marquee,
good for organizing parties,
and it's selling at a reasonable price.

*"second stage: productive consumption of the
purchased commodities by the capitalist"*

if you undress on la noche de san juan,
the memories of raped mermaids
will sink into your sores
and for the rest of your days you'll have to sing
poems dedicated to lost lungs.

inverse evolution:
let's return to the sea.
those who don't know how to leave their loot on the sand
will drown in the air.

"[downpour of] evanescent elements within the cycle"

a plastic fork in the purse will serve for something if the service arrives
so they can finally pay me in renewable cards if they don't cut the light
they can incorporate my employment to the end of the march if i am
able to forgive my sister for her husband arrived at six and where were
they it's not the hour it's who they were with return the keys and i'll pick
you up but before you paint the flag in mourning your hand isn't free
you'll understand one day why we've done it under the accent a bomb
stops detonating and i disarm it i don't have much time but pass the
high that i've forgotten if you happen to pick up the rubbish take out the
trash because the frogs will come in if you devour the orchids since it is
late and they will have closed the building or collapsed perhaps on the
sand without knowing if they'll kill me against the mural or if leaning i'll
fracture luck without losing movement close the car and leave quietly if
you don't know how to keep thinking about books or saying let me go to
work you left the clothes with your ex-husband who without a doubt uses
it to detect perfumes but how will you wrap yourself with the quiosco like
a ball and stick without feeling eternally grateful you can't even survive
the month and you know that nothing is worth anything if you don't learn
to fight they weren't armed but still the floor still the news sit here now
don't drive down with the downpour to ponce they've all gone you didn't
know they won't come back stay calm they're coming they said half an
hour ago i have a ticket because i ran a light without looking and what
will happen if they kill you without a seatbelt and without headlights qué
peligro for you to drive up at this hour and people drunk if the body had
no id i'm not understanding you close my inside inside

"what is most characteristic is not the form's irrationality"

if only it were possible/
if it were something like access control like/preeeep/
to be able to make flow from fb's snapped safety pin/
news about mayagüez that says/

> *here were born the magnanimous the locally famous/*
> *and tentative frituras/*

for them to pay attention/that the closures of schools/
would matter more than the fokin supreme court/

which said *oppression* but hasn't known for some time/
how to travel without clubbing with preferred crews/

gloveless error/

performance of solar suit/disneyed somersault/
three shines and another world/the possibility of being born/
in puerto rico/of whole-throatily hating the gaps/
between teeth through which smiles break sweats/
trying to word the inkwell with bite/

who has told you it can't be?/
if not your prisoner expanses/
or your onioned torso/
this form/they say/

is the belated sacrifice of burning the letters/
of the lover that sold your secrets/

perfect your hatred/memorize the lines/
that compose your deification/

ornaments are only indifferences that hide/
the secretive thumb/

if a hundred cops meditate in a park/
there is no peace/there is additional time
to acquire a countenance

"the conversion of a sum of money into a sum of commodities"

for each poem you write about the debt,
fifty eight unicorns meet at the bottom of a pool.

every time you write DEATH TO THE COLONIZERS,
a golden coquí is born.

each time you repeat:
VOTE FOR *THIS* IN A COLONIAL ELECTORAL SYSTEM,
a golden coquí plants a ceiba.

for every two compas that jam the cogs of the oversight board,
the coconut flanes and the alcapurrias duplicate.

each time you believe a woman who's been raped,
a teen of trans experience acquires his hormones.

for every verse that curls up in my people's chest,
i win five libraries from the enemy.

for each opportunistic politician you behead,
my faith in the educational system is restored.
ha! no, teacher, the faith in us.

for every song you dedicate to marigloria or ángela,
we recover a little piece of our history.

for each seal of solidarity without remuneration,
a diamond becomes a hummingbird.

every time i gather my skins and caramelize them into poison,
i recover my name.

each time you repeat *iván* three times into the mirror,
he'll come back as a specter to wreak vengeance on his assassins.

each time you repeat *iván* three times into the mirror (2),
he'll be joined by the specter of jorge steven.

each time you repeat *iván* three times into the mirror (3),
the wind will become projector transparencies,
that will become broken windows,
that will become airs frozen by the gyres
of all those tortured by la comay.

for each (there is only one many times insisted)
debt you don't pay,
you are donating a hundred flying hammocks
to the victims of neoliberalism.

for each miscalculation,
you save a bay.
for each bay you save,
we give this island

an anti-cruise ship of hope,
and we sink all the cruise ships,
and we sink all the cruise ships.

"the money appears as mere evanescent medium of circulation"

i'm pained and palpitate because we are adjoined.
if you say girl to my girl, you know what's up.
if you say boy to my girl, i mean,
if you don't know and you say boy or girl to my personification,
you know what to expect.

the proximity is sufficient.
you owe me fifty pushups.
we've established a system through which
if you fuck with my loves, i'll split your nail.

the crescent moon is a nail of the wafer eaten
in the name of all,
        your flesh.
to transmute is to name ourselves.
i become your boy when calling you girl when you are girl.
i becoming (you)r boy when calling you boy cuz boy we'll be.

if you don't know how to say hi without the fedback pronoun,
it's best you don't though really.

i dizzy and shelter
        centipedes a thousand cricas or bichos as much in organ as in
                animal you are
                        your jellyfish my salt i've been
                                thrown fossilifierce of stone your hands shells on tracks

of mouth anemones or goats you reproduce with the wind
or you don't move or kiss center of no i won't
call you

> they gave you name.
> decided collectivities.
> you didn't have time or money
> to fill out the form
>   for change.

i palpitate syndrome syllable joint
velocity number whatever difficulty you dictate

if you say earth to my tenderness, you know.
if you say it with tenderness, the same
as begrudgingly,
or change n for ñ in coño,
or believe ll is limp-haired,
i'll split your splitting.

adjoin yourself from the body you aren't
with me.

for my queerfolk

t. and j. give to ochún
50 moss plums and a thirded beer,
so that the 50 or so hearts
—*open number i will hammer to me*—
will sting brackishly
the lemon made peel of this chest.

today they killed more lorcas than yesterday.
today june twelfth.
today june 12.
but still g. m. and l. cleansed
and lit their wax dildos.

in puerto rico there will be no clean water.
today june 12.
today june twelfth.
but still gaddo, max, and leone
diminish their nailless fingers,
cleaning their hands in their mouths,
cleansing ritual with the saliva incense of our mass.

in puerto rico 117 hydrological stations
will cease operating,
but we keep operating,

the jevos of alterity,
lacrimals of pigeons,
turning in our grime
to heal this world of its purity.

i bathe [with water] i adjust my tie
the eyeliner runs my hands [in the water]
my lipstick [in the water]

there is a problem,
says rafael rodríguez.
in puerto rico the clean water
will come perhaps, like corretjer said,
bloodied,
or maybe it's that
our never clean blood
carries its viscosity with the rage
of 50 asses
of penetrable pleasure.

as i write this poem,
i wait for the living to get here,
to cluster us, to arm us
(against the state) and its
privatized agents,
to love us against the state.
fuck fuck fuck fuck

i will bless this night with (jello)shots.
i will arrive at the thirteenth of june,
without june 13, dirty, and burn
the confederate flags,
the american flag burn
your programing.

my being queer future is here.
while j. says they're on their way.
while o. says they'll get here soon.
while t. says they're sick,
but will get here before 10.
while s. says they want to cry standing
before some building with a sign.
my queer future hates the u.s. geological survey
in inglés and español the mess
of this day in my dry mouth,
but i keep spitting in the face
of all who want me dead.

r. says it's *too much*.
today it's too much to live,
but more too much to die and kill
before letting them do this again.
defending the water in all its forms,
i'll cut my palm for the pact.
i'll enter it to get bloodied as well.

my loves arrive and arrive.
also on twitter and whatsapp,
we swear to the water we'll be unclean,
go to bars and dance.

today all my perforations
projections dismantle the walls.
we share veins,
regrets with water bombs.
fuck fuck this fuck all this
get here. get here now.
the door is open.

NOTES ON A DERAILED CIRCULATION

"if it fails, it's the possessor who will get burnt,
not the commodity."

"if they refuse to be taken, he can resort to violence
or, in other words, take possession of them"

i.

how are you, love?
do you know what's happening?
is the south still as always never?
do they still seriously consider my death?

two blocks from here they filter the light oranging
the flags and flags tone the wind:
        the only rupture of this night.

the fourth of july *go back to your country.*
the fourth of july with wine and a broken glass.
if by law puerto rico was a commonwealth,
by law puerto rico returns restructured.

here i ask myself if the bricks withstand the firecrackers.
for example, will there be fire and will they burn my trash?
i'm sure one neighbor hates me because he's a neo-nazi,
another because paterías transcend
        the membrane that divides us.
another says she admires me
being the way i am.
which of the many things i am not
labors to forge these admirations?

ii.

of course of course my death.
with the finality of one who decides
if they want chocolate or ice-cream.
perhaps this commonness confuses
—chocolate ice-cream—the forms
of my death.

> *the full combo*

we undertake a touch,
a hit and retouch,
called war or peace.
it's war when
two houses both alike in dignity pass
thesamesentence

iii.

the circulation of machine guns in *compartires*,
sharing forever *conmártires*.
the accent retreats toward a collectivity.
it wishes to feel pain but doesn't drop the stare.

if i say *don't kill us* and you kill us;
if you say *don't kill them* and they kill me;
if they repeat *don't kill them* and they kill them.
THIS DEBT IS PAID WITH BLOOD
read this as a contextual palindrome.
but it isn't a debt. it isn't a debt. the state isn't charging.
there is no reciprocity.

iv.

the 4th of july is gone.
i plan repatriations,
somersaults of revolting door.
i try to drink coffee,
not think about the dermic penetrability
or the word "fragility" as a pejorative.

no one wants to be vulnerable
when there is a pacification war.
vulnerability, like poetry,
is a promise:
if death says hi,
i can feel fear.

i attempt attempting
the stones i am,
the water that leaves in clouds,
the narrow drought
of these south philly streets.
without trees, i try
to suggest a future for myself,
without falling in a loop.

what self-harm do i inflict
when i write about the debt,

chewing my tail,
extracting rubber from serpents
of a sin i carry like another's conscience?
how can i curse these words,
the church that raised my grandmother,
the finality of my impossibility
as a subject,
        my existing like an error,
                my daily persistence?

v.

i tell my students that dreams like literature are snitches these ideas
aren't mine i tell them there are codes and repetitions that keep hurting
with no exit and have to do with being outside time as if time had an
inside what is the inside of time like? does it have the hollow rigidity of a
dead branch?

i dream of a room.
this room doesn't have a pool.
the pool it doesn't have,
doesn't have a notebook.
this room isn't apt for children.
the children it doesn't have, eat alcapurrias.
the alcapurrias don't have flavor,
because they are in the room,
nor dimension,
because they suction the mouth.
really really
they have fangs.
in my dream, someone tells me
i need concept to deal.
i can't capture the corners of the blanket.
each time i have one it duplicates into walls.
in my dream, they distribute the sea to investors.
in my dream, they sell el yunque.

out of my dream, they sell el yunque.
for real, if only it weren't for real.
i'm not sure if i'm dreaming in the dream,
if it's a poem, or if i'm dead.
in all three incarnations,
i feel there has to exist
a bettered dimension
that i lost in the future,
but really i'm sure that really
the dreams register
what we lose
of hope.
in my dream, they clean my toilet with naled
i climb the stairs up to the roof,
where they spread a glittering rug.
i ask them what it's made of
and they say the teeth of executed mermaids.
i suddenly know that in the sea they also have
prisons made of sea urchins and red coral
and push heads into the air
as punishment between punishments.
my students show up,
with their food, to lie down.
they say divine things about the sky,
the night, and the city.

i'm supposed to explain
how they killed the mermaids
with an educational calm
and speak to them of dreams,
the origins of fear,
and history.

vi.

in my puerto rico, we print from within the ink.
      (my mother can't swim)
in my living room, the mosquitos gather.
      (with/without/against zikadas)
the creepers grow between houses.
      (the dog kills the pigeons)
the cloths scream like firecrackers.
      (cavern-slides flood my hostels)
the earth, like the rain,
detaches me from memory's omissions.
      (coming back means submitting myself to love)
i know who i am like the irrelevance i inherit.
i write little gathered papers.
      (the text incites me to disappear)
the lipstick of this my puerto rico:
fact that indicates this color
looks too—yeah too—strong.
      (my mother can't lie)
yesterday the war rips down flyers.
yesterday, like today, they need ice
at the camp against the board.
      (in september the members say hi)
war is to keep loving the super doppler max.
infested by bats, it exits the hell/panadería
and plants a nest by my window.

      (at night the rain tells me tells me tells me)
in my puerto rico, war is grocery shopping,
is watching the news in the afternoon,
is the finger in humidity palpating
the cuir penetrability of the bus stop,
now not so much a wait
but rather an in and out of hope.
      (yesterday we left the keys of war in the gate)
peace is give me peace woman give me peace.
      (peace takes place desperately)
      (each time i'm back)
      (each time i stay longer)
      (each time more and more finally (stayed)(enough)

*quedá doesn't translate qué da (tampoco)

vii.

(letter for una amiga gringa)

there are some puertorriqueños who sell us out. there are some
puertorriqueños who make money selling us out. there are some
puertorriqueños who are republican. there are some puertorriqueños who
are democrats. there are some puertorriqueños who agree that we are
lazy, uncultured, ungrateful and ugly. there are some puertorriqueños
who give diversity talks and explain that blackness doesn't exist
in puerto rico because we are *mixed* and that is *culture*. there are
some puertorriqueños who claim that spaniards raping the peoples
they conquered makes us beautiful. there are some puertorriqueños
who claim we are naturally more reserved, because queerness is an
imperialist importation. there are some puertorriqueños who believe
dominicanos are ruining puerto rico. there are some puertorriqueños who
think i am beautiful because i am a white puertorriqueña. there are many
gringos who have no idea i'm a white puertorriqueña because aren't all
puertorriqueños a culture and isn't that *emotional* and *beautiful*?

la mayoría de los miembros de la junta son puertorriqueños,
reflejando el compromiso del presidente de asegurar que los
puertorriqueños estén bien representados, says the white house,
says we are represented by these puertorriqueños.

MÍSTER CARLOS GARCÍA Y MÍSTER JOSÉ CARRIÓN
SON REPUBLICANOS PUERTORRIQUEÑOS.

MÍSTER JOSÉ RAMÓN GONZÁLEZ Y MISI ANA MATOSANTOS
SON DEMÓCRATAS PUERTORRIQUEÑOS.

MÍSTER ANDREW BRIGGS NO ES PUERTORRIQUEÑO.

AHORA MÍSTER ARTHUR GONZÁLEZ
ES MÁS PROFESOR DE NYU QUE PUERTORRIQUEÑO.
LE GUSTA CAMINAR POR LA PLAYA DE NOCHE
Y RECORDAR LA ÉPOCA EN QUE COMÍA CARACOLES.
SUS ZAPATOS SE LLENAN DE ARENA.
SOMETIMES HE FANTASIZES WITH LEAVING IT ALL
AND RETIRING TO A NICE BEACHFRONT PROPERTY.

HERE IS THE PENN PROFESSOR DAVID SKEEL (CABRÓN Y NO
PUERTORRIQUEÑO). he writes books on bankruptcy in detroit,
christianity, and the law. he believes we can heal this broken world
with faith. according to amazon, his book, TRUE PARADOX: HOW
CHRISTIANITY MAKES SENSE OF OUR COMPLEX WORLD, promises
the possibility that the existence of GOD could make sense of it all. i
never want to read his book, but i worry it might hold some order, a key
to decoding who gets cut/first.

young amerikkkan boyz like míster skeel dream of going to law school. nerf ball skips across the water slide/ first/ cut/ first accident/ what happened, david?/ where is it?/ does it hurt?/ transparencies: the steeples lean/ passes bio/ history of this country is be kind to your citizens, but read the clauses/ if you are too young to enjoy goldfishes/ a lunchbox with superhero red/ carving pumpkin fields/ under the bed is another country/ mommy, they come in/ scrape across my knees/ the monstrous peoples that go tapping, tapping at my chamber door.

boys like david tell their teachers they want to become cops, or better, make big money and do good. i knew little david. he was on nick at nite. he dreams he is wandering some hall, chased by colonial demons. when you are big, david, you will rule my country, if you are go(o)d. you will get to lower the minimum wage, cut hospital budgets, and close down schools, if GOD is good, you respect his wishes, and love your country. david knows this will be, because he and GOD are TIGHT.

MÍSTER GOD NO ES PUERTORRIQUEÑO.
MÍSTER GOD ES PUERTORRIQUEÑO.
MÍSTER GOD IS THE CONTROL BOARD'S NINTH MEMBER
PORQUE EL MIEMBRO NÚMERO OCHO ES PUERTORRIQUEÑO,
Y COMO SE IMAGINAN NO PUEDE VOTAR,
IS OUR ILLUSTRIOUS GOVERNOR RICARDO ROSSELLÓ.

there are some puertorriqueños who fight everyday against u.s. imperialism. there are some puertorriqueños who fight everyday and still decolonize like it's lunch time. there is love. yes. there is mayagüez.

yes. when it hurts, i talk to puertorriqueños, even when there are some puertorriqueños who are oppressors, even then, i still talk to other boricuas. even when i hear you, talk to you here, amiga gringa, and know you would fight for me and i for you, even then i talk to k, e, r, y, first. this is not a culture. this is home.

i'm tired of being tired. i want my friends not to work so hard. i want the rivers to be protected, the golden coquí to survive the limitless sprawl of walgreens. i want to fight the cops, read poems in a tent in front of the federal building, and then i want us to dispossess it and chase out the vultures. i want hope to be more than a motif. these words weigh more than all your books; more than the house, the coffee, the work itself.

this year, the old imperialism changes into its swimsuit, but when i am in a poem, i know the poem's moon will know me aunque naciera en la tierra. in my poem, i poem(v.) of killing. my friends warn me that even words in a poem can be used as evidence in a court of law, but i remind them that all laws en un poema puertorriqueño can be overridden by the oversight board according to SEC. 4. SUPREMACY. subsection (18) TERRITORIAL GOVERNMENT. (B) EXCLUSION.

"the tertiary"

for miguel hernández
"lunar expert"
"luniculturalist"

if the moon is polyhedron after crop,
monticule of domes surface,
pitchered pentagram inflated,
dimension added,
upon dying they'll say the specter is the dimension (*i*)
of existence: the tertiary.

levitation to the other luminary in order to enter
its bones
                    of frayed cheese
                    gofios=pyramids(+)spheres.

the earth in the moon is (lime)ass—
—calculation—of the sun.
the earth from the moon:
                    a seesaw.

this is superseding yourself (fascism),
this is superior (franco),
to go to the outside of the other planet
called moon for being secondary
like the so queer desire
of the girandole.

there is no gravity in the barracks.
everything floats like corymb.

the trajectory exists between earth and moon
called crop or nothing,
the huevona sonority of the drum that captivated,
that captive,

the earth you occupy in the center of the polyhedron,
the synonym folded like onion.
for you on youtube, the same for you in the future #.
miguel hernández still at the border this time
how did you know.

the tweezers and/or the needles we have slicked back
the dentures to 140 calligrammes.
a conterminousness bene(viole(n)t)
because of miguel hernández.

i believe in knotting us
and having gridded with diamonds
the hooves.

por diosa kill the roach.
marry yourself to us lembeputrids of luv.

figure out what we'll do ¡the arms!

figure out the codes to break them
on my knee or with my teeth
rip the tag off the ship.

"the primary"

at first sight, a commodity appears to be a trivial thing,
immediately comprehensible,
but every good thinker will see that it is a demonic object.

the abacus (re)counts how historiography is the art of objects,
how they became ours, how we became.

vinegar, oil, dried vegetables, codfish,
these are the metaphysical subtleties and theological reticences
of belonging.

candlewickly centered and lit,
our character fortifies the essential.
carlitos explains that regarding use value
there is no mystery,
for it satisfies human necessities,
and the human is no mystery,
nor is the animal,
nor necessity,
which is obvious.

don't believe this is orthodoxy.
it's that we are so concrete
that if they throw us in the sea
we go to the bottom most bottom
of all the state's barrels.

the demonic commodities
(forgive the redundancy)
are sensorially suprasensible things,
according to the book of the infernal circulations.
the tables dance bachata in the segment titled
the fetishistic character of the commodity and its secret.

the paipays in flames,
the bouquets of birds of paradise,
the treetrunk and the curtains mutually registering,
the filaments of thread and bark:
the hurricane is not a metaphor.
even the possessed circulation
is none other than the labor of the wind,
geological processes,
and the fury of the epoch's spirit.

"the secondary"

"the term 'puerto rico' means the commonwealth of puerto rico"

- the PROMESA bill

the brain's *expenditure*,
the *duration* of that expenditure,
the *quantity* of labor,
the difference between the *quantity*
and the *quality*.
the term *puerto rico* signifies
the externalization of the measurements,
the quality of a secondary citizenship.
but there is no
term called *puerto rico*
because there is no *duration* for the termination.
the *quantity* of (ex)terminations *puerto rico*
in the body and its time of universal labor.
those terminals of the ears of dead star in english,
ships of stormtroops and rebels.
if by chance i am cinema,
only measure me according to the difference.
to be the secondary
is to come out as a the production of the means of subsistence,
is to find out that the state of development
is substandard.
i become deranged in *social* form
as soon as the defunction begins.
a physical relationship between physical things.

we'll discuss this in *puerto rico* terms
as soon as the interpreter of phantasmagorias arrives.

"the worker is limited to producing the value of his labor power"
(the longest fall)

i say i love you so many times that it burns my trachea.
the words are a magnifying glass
bringing me closer to the sun.

i love you.
we love each other.
here who remembers love?
if poems fly, they are moths
fleeing from editors that swing torches.

they come out of my ears,
seafoam
that screams and moans,
anxious because of the hour,
standing in an interminable line,
under the heat without clean water.

cochleaed, your voice fans me, mamá,
and your absence asphyxiates me, abuelita.

torches that can't be raffled,
phones, fleeting objects,
a chaplin film,
but the chaplin that passes by la mágica
and reminds us that it is a bookstore.
objects! flying objects that fall from a sky without foodstuffs!

objects that fly through the air
crashing against memories!
notes taken in a 100 by 35 mile cell!
poems! gutted gators!

the moon fits from san juan to mayagüez,
even when it's puertorriqueña and minisculely immense,
even when i want to kill myself in exchange for an island,
but ay they need me! ay they need you!

(((tell me gringuita, where do you hide your heart, that poisoned apple?
who edits your velvet face, your invented day like a straightened wake,
bookmarks between two pages named river and sky, coast and house,
rain and drought?)))

cannibals, this is a call to action!
let's devour the hearts of our benefactors!
breadless, let's cook the thin fingers of the humanitarians
for whom we are a crisis!
let's drown the colonizers, even if blue and red crosses
hang from their chests in hospitals without saviors or lights,
with faithless nuns that wordfill death!
the help we need is freedom!

the añasco bridge crosses me
because i am water,
because i am contaminated,
and i contaminate white and sweet
friends,
institutional walls,

aha aha thank you.
miradero is surrounded by ruttings.
the most traffic jam traffic jam jams down
from the naked branches.
i can't help loving my people with the fever
of one sick and without meds
in a hospital of san juan,
in a bed, in a house
on some block of some town
that screams like i scream,
let's devour the colony!
let's vomit screams
with a tempested terror!

ay but call, abuela.
call today if you can get a signal,
or enter at night through a dream.
tell me you are alive.
resuscitate me.
i want to hug you.
i want to grow wings
and fly to your nest,
up there
where the water can't reach us.

acknowledgements

i'd like to thank *Waxwing Literary Journal*, *ATTN:*, *Femmescapes*, *The Wanderer*, *Apiary Magazine*, *About Place Journal*, *Elderly*, *Noble/Gas Quarterly*, *Queen Mob's Teahouse*, *Boat Journal*, *The Brooklyn Rail* and *smoking glue gun magazine* for publishing early versions of some of these poems.

thank you alli, emma, mami, karen, colette, angel, chloë, moss, frank, caconrad, ginger, vanessa, gaddiel, elric, max, leone, fabián, raymond, daniela, ericka, juan, nicole, wendy, tim, julio ramos, angelia, jazmín, ted, gabriel, carina, tina, amalle, and so many thanks to the editors at Timeless, Infinite Light. Y'ALL ARE THE BEST.

i always forget someone, so for those i've left out: <3